AF275903

Pintoras

Ramón Gómez de la Serna

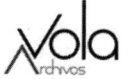

Índice

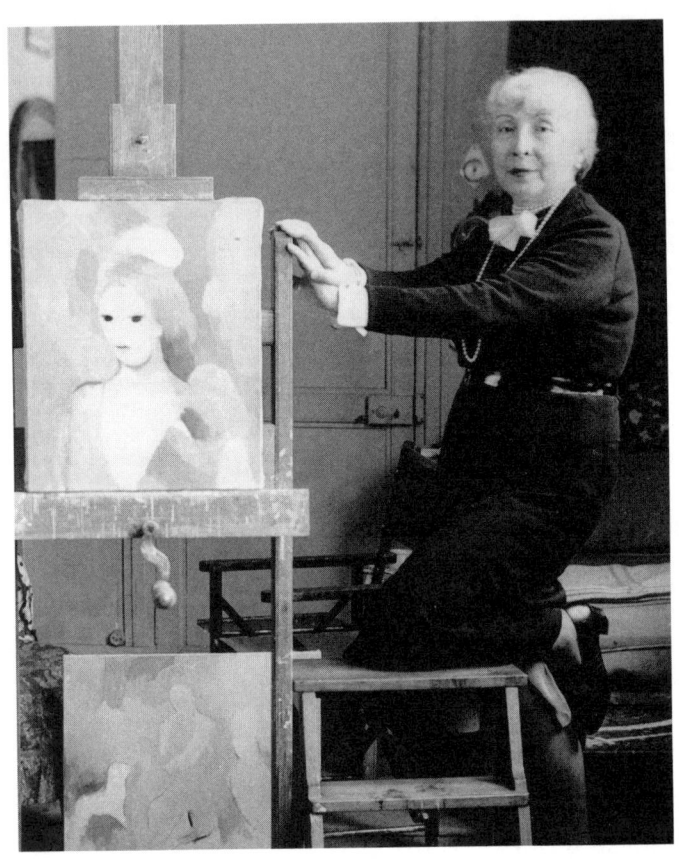

MARIE LAURENCIN
(París, 1883 - 1956)
Retrato de 1948

MARIE LAURENCIN

Marie Laurencin pinta como con pintura de tocador, con cremas, con barritas para los labios, y diluye las pinturas en esencias de las más caras, y con las más suaves polveras da los últimos toques, fijando lo que sale de esa encantadora mezcla con pulverizadores que barnizan sus cuadros como ningún barniz. Todos los pintores habían luchado por alcanzar la femineidad y sólo Marie Laurencin la ha encontrado. Ella ha descubierto los secretos de las mujeres en enaguas, en otras enaguas más sutiles que las que ven los que las pintan en enaguas. Marie Laurencin ha estudiado a todas esas honestas o difíciles señoritas que se componían y se vestían frente a ella sin desconfiar y a las que ella miraba sentada sobre la cama de su alcoba.

¡De qué pura aristocracia del espíritu resulta Marie Laurencin! Ha visto su espíritu fuera de ella, asomándose a los balcones de los palacios con ancha balaustrada de piedra o mármol; ha visto lo que de femenino se esconde detrás de los biombos, detrás de las puertas en que está tapado el ojo de la llave, en los baños en que ni la doncella puede entrar a ayudar a vestirse a la señorita. El alma elegante, suave y linda, de Francia a nadie la ha dado más esencialmente, salvándola a esa actualidad precipitadora que los otros no saben resolver.

Con ella se me apareció en el Madrid de 1918 su gran amiga Nicole Groult, la gran modista francesa, la íntima artista del traje frente a las industriosas y públicas modistas, tales como madame Paquin. Llegó vestida con un traje admirable, corto, bajo cuya falda se veían las botas de montar de caña acordeonada, esas botas que fueron durante aquellos años una moda atrevida y airosa. Nicole Groult, con la mirada de los ojos muy redondos –grandes cabujones de su mejor de sortija– en su cara ancha, tenía ese cutis satinado, pulido de tanto haber sido limpiado con las mejores pomadas y las más celestiales aguas, afinado también por haber traspirado los ambientes más artificiales y más elegantes, y también por vivir en su casa de Paris, cuyos rincones nos ha enseñado, y cuyas alfombras blancas no nos hemos atrevido a pisar en nuestras visitas a París. (¡Habría que ver una reina francesa siglo XX! ¡Qué medias caladas y esplendorosas ¡Qué traje para cegar!

Era la modista que interpretaba los trajes ultramodernos que necesitaban las figuras de madame Laurencin.

Tan íntima era su compenetración, que madame Laurencin se había cortado sus largas trenzas rubias y se las había regalado a Nicole Groult para que se hiciese una peluca. ¡Peluca gloriosa! ¡Préstamo de un poco de la aureola de la graciosa pintora!

Sobre los cabellos, de un rojizo rubio veronés, de Nicole Groult, aquella peluca viva y llena de pensamientos fascinará con la doble gracia de Marie Laurencin y de Nicole Groult.

Se fue contenta con su nueva peluca, con los cuadros del gran Picabia y con aquella vela rizada que la asombró en mi despacho y que yo le regalé. (¡Qué graciosa con la vela frágil en la mano como con un ramo de flores delicadísimas, hasta llegar a su habitación número 565 del Palace, y después con ella en la mano hasta llegar a París!)

A esa amiga orquídea le dedicó Marie Laurencin estos versos en que se acordaba de España :

Ne crois pas Nicole
Que le zèbre est un animal
Comme le cheval.
Le zèbre est un danseur espagnol.

Difícil mujer y difícil artista Marie Laurencin. Le molestan las formas, odia el mundo como si fuese algo demasiado grosero v tosco para su sensibilidad. El mismo

Fragonard le parece un ejemplo de estulticia, de violencia, de apretar el lápiz y apretar las pinturas.

¡Admirable mujer a la que da jaqueca todo, a la que se ve estar jaquecosa de todo! ¡Con qué mimo, con qué espera de sus palabras, con qué cautela tratarla hasta un extraño! No es la ridícula y meliflua voz baja la que ella necesita, ni la dulzura en la voz ni en los ademanes, sino que no se hable, que no se exista, que uno se disimule hasta más allá de la muerte ya. La ofenden –se podría decir– todas las cosas que se le presentan, que se destacan en la vida.

Sólo los contornos más soporíferos de la vida, y eso con irritación de obsesionada, y eso porque no tiene más remedio, es lo que recoge Marie.

– Marie, ¿cómo está usted? –le digo a través de los años cuando la vuelvo a ver, cuando me honro visitándola, y tengo una gran timidez al decirle esas palabras y no tengo la osadía de esperar la respuesta aunque ella me la otorgue.

No se me olvidará el día que subí a su buhardilla, imitación de buhardillas como las reinas de Francia imitaban masías en sus Versalles.

Sobre su cama estaba el traje nuevo de la anunciación de la moda, aun tendido como salió de la caja de la modista, sin haber levantado aun la cara a la vida.

Allí, entre objetos de una finura suprasensible, habiendo tirado por la ventana los innumerables objetos que se podría sospechar que ella ha necesitado alguna vez, pero que no necesitó nunca –lacas, porcelanas, cristales–, Marie Laurencin pinta sus cosas desjugadas, sutilizadas, de las que borra todo lo que se podría llamar pintura, todo lo que no es espectro inmaterial.

Ella me ha dejado penetrar en el secreto de su pintura y yo puedo asegurar cómo es hijo de su pura alma, dada a todas las impurezas sólo por investigar. Ella dibuja en un papelito el recuerdo en lo que tiene de más imprescindible, en lo que tiene de más imposible de no conservar, y después ese dibujo fabricado con todo el desgaire y la displicencia de un alma que odia los contornos, es lo que ella agranda en sus cuadros.

Lo que de más supremamente trivial encuentra en las mujeres, esa cosa de corderas sensuales que tienen, es lo que apunta Marie Laurencin. Llega a los abismos de la pasión y del hastío para encontrar sólo eso, buscando sólo eso.

¡Qué sabia! ¡Qué inaudita! Nunca complicó su espíritu. Su desprecio, su visión en el vacío femenino ¡llena de qué náusea imprecisa, vaga y delicadísima está!...

–Comprendo en tus cuadros ese secreto que lanzas con toda suavidad, muy empolvado, muy vago, entusiasmando con eso al mundo… El vértigo que siente la mujer en la mujer es el que sientes y descubres a los que miran por el ojo de la cerradura. ¡Pero qué gran mueca de desdén, de comprensión y de puerilidad la tuya! Por lo menos, de tu gran aprendizaje, de tu gran experiencia osada y esforzada has sacado esas deducciones sencillas, simples, dibujadas como quien no hace la cosa y que son el mayor descubrimiento femenino que se conoce… ¡Magnífica indiscreción la tuya! ¡Indiscreción de fin de mundo!

Midinette suprema, supremización de la señorita ideal que se ha visto en un restaurante modesto, estilización de la dama sola que se ha visto en la más predilecta silla de los circos.

Como nuestro supremo ideal hubiera sido ser parisiense de París, esta mujer, que tiene la magia de prolificar lo que se entrevé de lo femenino de París, es nuestra más fina seducción.

Texto escrito en 1931

María Gutierrez Blanchard

En un bello libro que acaba de aparecer sobre la gran pintora española, su autora, la condesa de Campo de Alange, define con emocionantes plumadas el destino de la artista en los siguientes párrafos, que son los primeros de su biografía :

'Santander, 1881. Una señora sube a un coche tirado por un tronco de briosos caballos; en ese momento, los animales, prontos para arrancar, hacen un brusco movimiento de impaciencia. La señora resbala y cae, sin lograr subir al estribo; está próxima a ser madre ; una criatura queda marcada antes de su nacimiento con un sello de tragedia...

"Poco después nace la pequeña María. Su padre pertenece a una vieja familia de la montaña; su madre es hija de un francés y una polaca. Pone una abuela en su sangre la herencia eslava, y treinta años más tarde, cuando los críticos examinan su obra pictórica, verán a través de su arte el "eslavismo" y el "españolismo" de su origen, repitiéndolo con pesadez monótona, queriendo, tal vez, así

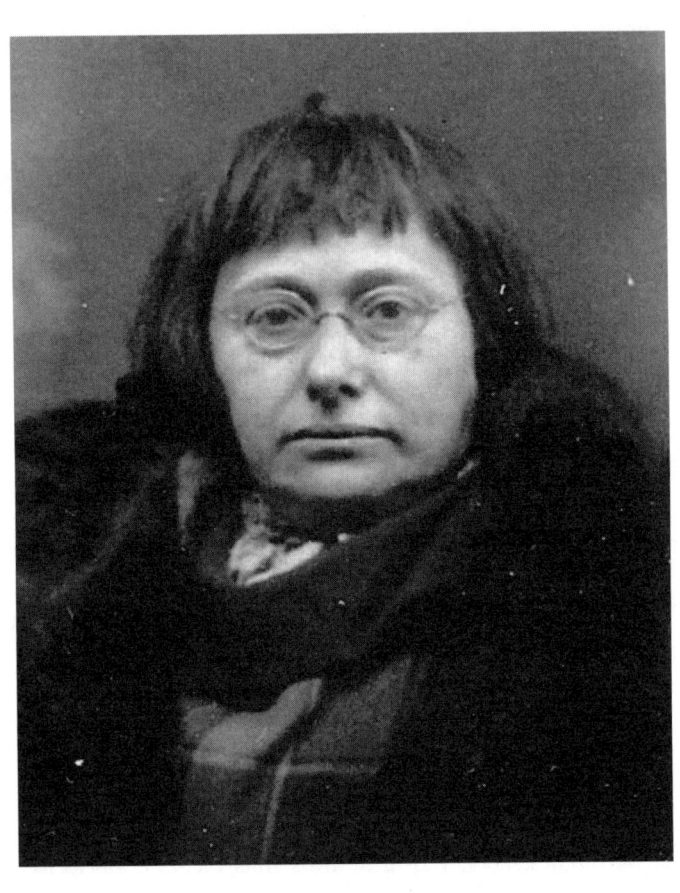

María Blanchard
(Santander, 1881 - París, 1932)
Retrato de los años 1920 (¿?)

desentrañar el dramatismo singular de su visión personalísima.

"Desde sus primeros pasos, María se revela deforme. Tiene, por tanto, la infancia melancólica de los niños débiles y enfermos. Unos ojos negros, de mirada profunda e inteligente, una boca grande, una expresión simpática, un rostro interesante y atractivo hundido entre sus hombros. De no ser por su deformidad, su trayectoria en la vida hubiera sido la normal ; el amor, un marido, los hijos... ; pero el azar torció, con su cuerpo, su destino, y María, naturaleza rebelde, ha de sacar más tarde, penosamente, de la negrura de su renunciación, su arte magnífico, hecho a la misteriosa luz de sus tiernos sentimientos.'

Esa deformación por accidente –en sus genes no había la predestinación de los degenerados– hizo que su alma aplastada por el accidente no se conformase bajo el garabato en que quedó convertido su cuerpo.

María, desde que despierta a la lucidez y se da cuenta del contraste entre su vida y la vida, se propone un ideal de perfección en ese espejo indirecto que es el lienzo y en cuyo alinde se da el milagro de que pueda reflejarse el contrahecho en imágenes de lograda belleza.

Pinta con ese afán superador y un día es un "descubrimiento" para nosotros, siguiéndola desde ese punto y hora a través de toda su vida con arrebatada curiosidad.

Tenía algo de macabra y retorcida la expectación. La humana y espiritual araña, con dengues de niña, con una voz dulce y quejosa que no perdió nunca, tramaba su tela como un tapiz y después con pocas palabras, más bien con una mueca y un mohín desdeñoso, la mostraba, diciendo simplemente :

– ¿Him?

Así llegamos a la primera guerra europea, cuando todo lo genial y raro sale de sus casillas y se dispone a tomar parte en la lucha del porvenir, más audaces que nunca los seres singulares que han sido empujados a un mundo en estado de asalto.

En la Exposición de los Íntegros que se celebra en la capital de España, el año 1916, expone su *Venus de Madrid*, el mejor cuadro suyo, logrado en un camino que pronto dejará y al que no podrá volver nunca.

Tenía que haber pintado como Solana, con amargura de barrio, confundiéndose con el proletariado y la burocracia del suburbio, empolvada en polvo de albañilería, con ese algo de máscara de un carnaval de destrozones y destrozonas que debe soportar el artista español en espera, en larga espera.

Su *Venus de Madrid* era un hallazgo, porque había superpuesto una mujer desnuda –con un desnudo teratológico, pero atrayente– a la fachada de la casa más característica del rococó madrileño, porque había acoplado el arquitecto grandes bolas de espejo, moradas, plateadas, azules, doradas, entre el juego de los ladrillos, brillando la original vivienda con alegre melancolía bajo el sol de los días y bajo la luna de las noches.

Tenía toda su obra de esa época una cosa de aquelarre, conseguida de cocimientos de cicutas, malvas y sapos, pero el corazón religioso de María no la consentía trabajar en aquella alquimia, que la hubiese llevado a volar sobre lo sabático, revelándonos hasta lo prohibido el alma dramática, querenciosa y pintoresca de Madrid.

Se veía que tenía facultades para hacer la llamada al misterio, que podía preparar el ungüento, que era nigromántica y adivina ; pero rechazó todas esas facultades por temor de que anduviese el diablo por medio.

Inmediatamente cambió de signos y se metió en el terremoto del cubismo, bombardeando sus imágenes, desintegrándolas con una meticulosidad de laboratorio que daba espanto.

Yo, que la vi renunciar a aquella gran pintura que se la reveló de entrada, sé bien de qué gran desprendimiento nace su pintura europea.

La mujercita cheposa y con gafas, al ver que el porvenir artístico era lento, pensó opositar a una cátedra de dibujo en provincias.

Todos la recomendamos y obtuvo la cátedra en abierto concurso. Se puso radiante y se veía que se ensayaba frente a un espejo de luna, para ejercer su cargo de maestra. Se volvió más menuda, se echó más hacia delante y en su rincón del café parecía mirar a los mármoles como si mirase ya los dibujos de sus alumnos.

La veíamos en la ciudad de cuestas pronunciadas, subiéndolas como una arañita negra, pero encerrándose en su casa durante las horas libres para pintar cosas muy superiores a su cargo de enfermera pictórica. ¡Pero qué remedio había si sólo así iba a asegurar su vida!

Pasó una temporada en la provincia, pero pronto supimos que María había renunciado a su cargo y se había ido a París para luchar como fuese, en la mayor miseria.

¿Qué había pasado? En la ciudad pura y llena de luz cumbral se había destacado María como una bruja simbólica para los niños que la seguían y la gritaban por las calles. El evidencismo crudo de lo español, que no deja pasar nada sin mote y que llega en su flaqueza a decirle la verdad al lucero del alba, se ensañó con la pobre artista.

María hubiese podido sonreír, esperar a que el pueblo se familiarizase con ella y alcanzar la hora de la abnegación y la simpatía, pero María no sabía más que llorar y espantarse.

París –quizá porque siempre ha sido el tolerante centro de todo lo grande y de todo lo monstruoso– no la iba a mirar mal y la iba a dejar vivir indiferente a su forma física.

Toulouse-Lautrec fue en hombre el *pendant* de ella en mujer y vivió admirado y querido por todos, con barba y hongo dentro de su enchapado enanismo, pintando siempre, para llegar al lienzo, en un alto taburete de bar, esa silla de niños para los encopados.

María vivía en estudios abandonados, de los que no habían vuelto los que desperdigó la guerra, y comenzó a pintar pieles cubistas, pucheros, maquinillas de moler café, especieros, bofes, anatomía de las cosas mezclada a la anatomía de los seres, como si entreviésemos en sus cuadros las entrañas que habían puesto al descubierto las bayonetas, todo ello sumergido en una especie de ciénaga entre estanque y rastro, que había crecido en el París de aquellos días.

Yo la fui a visitar a una de aquellas casas "de otros" en que las ropas colgadas en la desidia de no saber qué iba a pasar estaban colgadas fuera de los armarios.

A ella, sin embargo, le bastaba aquel espacio en medio de la casa en mudanza de guerra y amontonaba hígado cubista mezclado a otros ripios y sargazos.

Ya para ella España era el sitio en que los chicuelos gritan a la mujer que proyecta en los muros una sombra extraña y quebrada. No quería saber nada de allí, y por eso se había quitado definitivamente el Gutiérrez.

A solas con su Blanchard, podía ser una anticuaria de modernidades, abrir su tienda, esperar detrás del cristal y ser saludada por los niños del barrio que vuelven de esos liceos con nombre de estatua: Condorcet, Molière, Bossuet.

Los inviernos eran muy largos, pero ella necesitaba toda esa largura para cristalizar la larga oruga de la pintura, metamorfoseando los gusanos que salían de la huronía de los tubos.

No perdió hora y parecía esa obrera de máquina de coser solitaria que entrega sus cosas a algún Gran Almacén: blusas cubistas, banderas del futuro, almanaques para enajenadas y porveniristas navidades.

Ella sola organizando, según su realidad primera, la anatomía destrozada por la guerra, logra dar salida a sus cuadros.

Yo he dicho una vez que María Blanchard consiguió una obra en duro aluminio, pero sin que me arrepienta de aquella sintética clasificación podría dejar más en vago el nombre de la aleación conseguida por ella, materia nueva celulósica y galvanoplástica con que acababa sus muñecoides admirables que sólo serán suyos en el Museo del mañana representando un momento de su época. Gran inventora de betunes claros y oscuros, de nuevos materiales plásticos que se concretaban en perfectos y originales productos standardizados, comenzó a vender mejor su producción.

El alma de María era, sin embargo, tan española que necesitaba llenar de misticismo su bóveda románica y después de su éxito sentía que le quedaba íntegro y sin solución el gran espacio de un alma religiosa, entre ermita e iglesia en las afueras de la pintura.

No había nada que calmase su desazón, y como Lope después de sus comedias y sus amores apelaba al cilicio hasta salpicar de sangre las paredes de su casa, María se contorcía y lloraba.

Como en la hora de la liberación económica la ha quedado grabado un presupuesto de pobreza, llega a parecer avara y agrava más su escatimación el que quiere hacer penitencia con el ayuno y la abstinencia.

Sólo quiere tener un cobijo para siempre, algo que parezca casa propia, y ella, que ha vivido de prestado, entrega unos miles de francos a la dueña de su casa para que la deje construir en el techo un departamento independiente, del que la casera será legataria a título gratuito cuando ella muera. La propietaria accede y María tendrá hasta su último día una casita añadida a un tejado de Paris y de la que nadie la podrá echar.

Es feliz –todo lo feliz que puede ser– y pinta el lado holandés y reborondo de la vida –ya lejos de su teratológica *Venus de Madrid*– a la par que retrata enfermas, convalecientes, niños –muchos niños–, criadas como cebollas que cortan cebollas, un mundo en que la pintora quiere hacer pintura sin demasiada complicación y con puro temor de Dios.

Los pintores, sus amigos, ven que es una gran pintora y un alma cándida y dulce y la acercan a su hogar, donde además tienen mujeres que necesitan iglesia en que rezar junto a una amiga.

Es contertulia de los polacos tristes, geniales y tuberculosos y de las polacas que visten con trajes muy elegantes y muy anticuados que pertenecieron a sus madres.

Necesita afecto y lo halla, sobre todo en casa de Juan Gris y de Lipchitz, sus dos amigos de siempre; el uno arquitecto de parecidos ideales en la pintura y el otro arquitecto escultórico.

Busca sus gabinetes íntimos, la hora de comedor sobre la mesa de tapete pacífico, en que hacen espiritismo misterioso, pues llaman a los muertos del porvenir más que a los muertos del pasado.

María, envuelta en toquillas, se vuelve a su casa como llena de regalos y al día siguiente, en el suplicio de reconstruir los aportes extraños del más allá en el tiempo y en el espacio, caladas sus grandes gafas de zurcidora, pinta con temor y fe, pues sus colores son alimento que se ha quitado de la boca y cada pincelada es un sacrificio. ¿Cómo creer que se burla lanzándose a lo extravagante?

Va a dejar para los Museos del futuro unos seres transparentes, metidos en escafandras de color, sudando una materialidad de cristal, como si la gran mística sintiese que aún así su carnalidad agobiaba su espíritu.

Bajo fanales –y como si el barniz hubiese sido mezclado al color– presentan su hacería íntima todos los cuadros de María Blanchard, figuras y naturalezas muertas, llegándose a sospechar que Zurbarán pudo haber sido el maestro secreto de la pintora cubista.

Lo presenta todo para la compasión y lo que quiere atrapar de un modo magistral y nuevo es la jaqueca de lo real, la cabezota expresiva de las gentes, el dolor de muelas del mundo de carne y hueso.

Quería pedir gracia por esos seres y esas cosas, pintadas a todo color, con su rubor de vivientes, azorados y desairados en su delación.

María, que era fuerte en su catadura contrahecha, tanto ha minado su naturaleza, que cae enferma con una enfermedad de consunción que no hay quien pueda atajar.

Su misticismo llega a la hiperestesia, y gracias a que tiene un sacerdote que la vigila, se evita que profese, que deje a los asilos sus cuadros y sus bienes, y él la disuade, la exige conformidad, y en el mismo coche en que ha huido del mundo con sus maletas vuelve con todo el equipaje a su chalet de los tejados.

Cada vez pinta mejor, como habiendo hallado la fórmula de una creativa porcelana como la de Delft, pero en su búsqueda se ha quemado las manos como un radiólogo experimentista y en su afán de alquimia se ha desintegrado a sí misma.

Quiere salvarse de su última enfermedad que la consume por días, sólo para dedicarse más a la pintura, como si fuese la suya una misión catequista y predicadora, mostrando la realidad a los hombres en una forma espectral y elocuente, como si gracias a esa placa negativa pudiesen encontrar mejor la positiva afirmación del alma.

"Si vivo, voy a pintar muchas flores", fueron sus últimas palabras de deseo artístico; pero el 6 de abril de 1932, cuando los trenes azules del Mediodía llegaban llenos de flores a París, murió la grande y enigmática pintora española.

Texto escrito en 1942

Maruja Mallo

Yo la he visto luchar desde los primeros días de su iniciación, cuando descubro en ella a la que sabe el valor de lo heterogéneo y es un brote más del gran genio de España que es genio de heterogeneidad.

Es una niña. Ha terminado sus estudios en 1926 en la Escuela de Bellas Artes de Madrid y ese mismo año tiene ya la divergente revelación –tan española– de las islas Canarias y las verbenas.

Pinta como un estudiante que se prepara para unas oposiciones y reconsume ella sus dudas mientras sus aciertos se abren en su espejo como una montaña azul, esa aparición de los Montes del Guadarrama en el lienzo, que es como la primera revelación que el cielo hace al pintor.

Aparece Maruja Mallo, como una verdadera primavera nueva en el aire de Madrid, como un regalo de mayo en confundida ortografía.

Viene verbenera –la primera verbena que Dios envía es la de San Antonio de la Florida– lo cual también llega

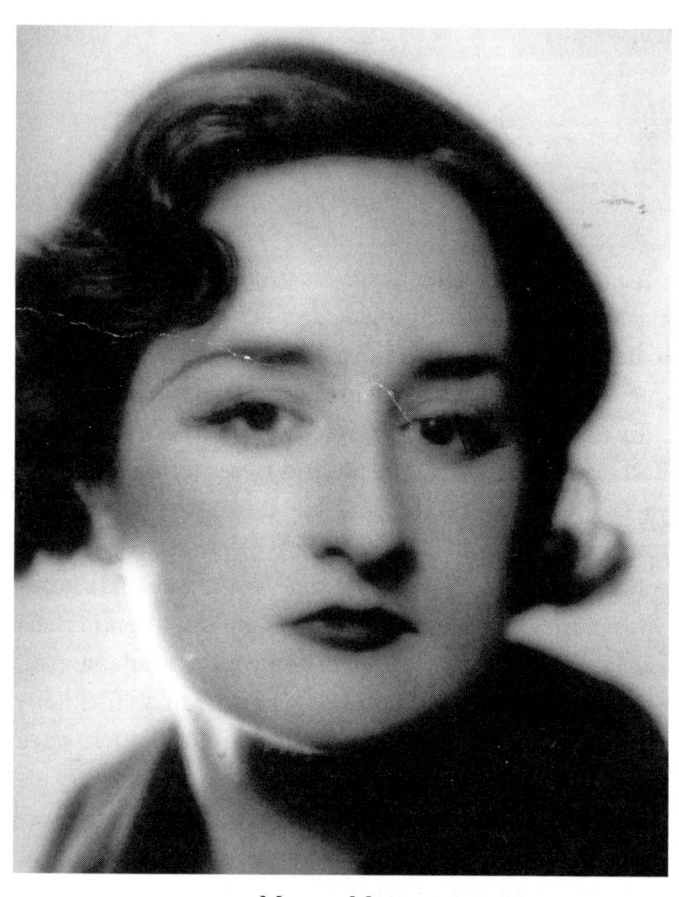

Maruja Mallo
(Vivero, Lugo, 1902 - Madrid, 1995)
Retrato de los años 1930

confundido, pues no es precisamente la hora de esa primera verbena que cronologiza el pareado popular.

Es en 1928 –la pintora bordea los 18 años– cuando Ortega y Gasset descubre a la nueva pintora y la da cobijo en la *Revista de Occidente*.

El gran mundo de las letras, de las artes y de la aristocracia aparece por allí arriba para ver la obra rutilante de la joven pintora. Tota Atucha, que es Condesa de Cuevas de Vera, es la que más alienta.

Federico García Lorca comenta sus verbenas diciendo: "Estos cuadros son los cuadros que he visto pintados con más imaginación, con más gracia, con más ternura y con más sensualidad.

Y estas estampas de maniquí que están pintadas con ausencia de color, son noticias necrológicas".

Los contertulios asiduos de aquella piscina acuarium nos quedamos sorprendidos ante la revelación de aquella pintura que sin disputa significaba un grado, un rumbo, un signo.

Cuando don José Ortega y Gasset la había consentido entrar en su Olimpo, es que se había dado cuenta de que era una aportación positiva de los tiempos nuevos.

Allí estaba la autora, pequeñita, con ojos de lince, la cabeza como una veleta de giros rápidos, apretada la nariz a la barbilla como un pájaro orgulloso de su nido de colores.

Reía y daba la mano como tirando de la campánula de la amistad, con un zarandeo especial, llamada y punto final.

Se veía que no necesitaba oír palabras sobrantes sobre su arte, porque era de los pocos artistas que amanecían con una extraña seguridad.

Yo la bautice entonces, "la brujita joven".

Tenía algo de brujesco lo que hacía y era como una meiga reciente que bajaba del Norte después de haber compuesto sus colores en las cazuelas de barro de su misteriosa cocina de aldea. Le era propio su secreto y no se parecían a los otros sus cuadros, aquellos cuadros en que desembocaba lo popular y lo exótico con atropello visible.

No llegaba a los veinte años y había conseguido toda la rutilancia de la pintura, su presteza audaz, sus acabadas curvas.

No venía de las revistas, ni de las exposiciones de París, pero traía su mensaje sin ambages, corriendo como una joven que avanza en esa forma pero siguiendo un compás, con ritmo al correr, impetuosa y confiada.

No era menester comenzar una discusión de arte y principios a propósito de ella.

–¿Pero de dónde sale esa pintura?

– La sale de... dentro... de lo más dentro... Es como una maternidad.

– ¿Pero...?

– No me pregunte... Es como cuando los poetas mandaban a preguntar a las estrellas lo que sólo sabían ellas... Aquí el oráculo está más cerca, pero está en sus entrañas.

No era teorizante por su parte la muchacha de ojos avizores y suspicaces. (Después se ha vuelto más teórica pero sobre los planos de su ya vasta obra).

En aquella eclosión de la *Revista de Occidente* había dado su nuevo orquidismo, pero antes había estudiado contra viento y marea en la gran Academia y había pintado con escándalo de aquel tiempo frente a modelos vivos y desnudos, el mismo escándalo renovado que el que promovieron los anatomistas cuando abrieron para su disección los primeros cadáveres humanos.

Sabíamos que hacía vida de señorita en un hogar burgués.

Llega a su liberación en Madrid cuando se están celebrando las mondas de los viejos cementerios y en los juegos florales de Pozuelo la flor natural para el poeta es el cardo. Madrid está meditabundo y sacude el polvo de las Calaveras. Sobre el paisaje del lado de las Ventas se ven casillas de ladrillo que como acaban de inaugurar su tejado lucen la bandera frenética, roja y amarilla.

El pintor siente el deseo de imponer la inmortalidad del color y de la línea a este panorama terrero, enterrador, austero, frente al que nada vale sino la gran pintura, la gran poesía, el gran ingenio, la gran tragedia, el rompiente del cielo.

La pintora vibra, siente el chucho místico, presenta nuevos ex-votos en los altares, piernas y brazos truncos, manos de guantería.

Su alma redimida y rebelde se paseaba inquieta por los gabinetes con muebles de madera oscura y cortinas solemnes. Allí con luz de patio había pintado sus lienzos llenos de un inédito despertar y su paleta era la trampa de las visitas en las sillas de recibir.

Había visto la alegría de las cosas y de las personas en esa plazoleta del valle del Lozoya y había pintado esa alegría de raquetas, cuerpos de maniquí y verbenas con la rutilancia que adquirían en la luz de laboratorio que envolvía todas las cosas. (Por entonces nació el laboratorio Ibis de productos opoterápicos del que todos nos sentíamos ibis, el pájaro coloreado y misterioso de los cielos egipcios abriendo las alas en un laboratorio de grandes ventanas. El saludo de la chulería madrileña era "¡Adiós, Ibis!").

Aquella pintura de Maruja Mallo había nacido en la romería de la Pradera de San Isidro, punto de partida de la España emprendedora, trashumante, reconquistadora. Yo diría que Cristóbal Colón no sale de un puerto andaluz sino de esa ensenada que hace el innavegable Manzanares en la curva playera del prado de San Isidro.

Más diría: sale, se manifiesta, suelta el primer chorro desde dentro –el dentro sombroso y fecundo– de uno de esos botijos que representan un gallo, blanco, con blancura galleante y con la cresta roja con temple de pimiento morrón.

La señorita alegre que ha venido de provincias ha ido con sus condiscípulas y sus condiscípulos a ver lo que "es eso", a ver lo que pasa en la romería de San Isidro, el Santo milagroso de Madrid, el que sacaba cosechas rumbosas de aquella tierra seca y al que los ángeles le ayudaban a arar la tierra.

¿No se trajo de allí Maruja unos ángeles que la ayudaron a pintar? Más está en los ángeles el ayudar a hacer arte que a meter el rejón en la dura tierra.

El caso es que aquel panorama del color y la bullanga que había inspirado a final del XVIII el maravilloso cuadro de Goya sobre esa misma fiesta popular y cortesana, había vuelto a inspirar a otra pintura tan colorista y más en movimiento ya con una cosa que no tenía la otra y que hemos dado en llamar *cinemática*.

Maruja Mallo volvió repleta sin poder arramplar con lo que había mercado en el ferial, el botijo gayo y gallístico, la maceta esplendorosa, el pito con flores de papel –¡qué rosas!– el bigote del aire que se desriza al soplar y que lleva el nombre de "matasuegras", más todos los cromos de la fiesta.

Manipuló todo eso y en uno de los primeros estudios cinematográficos que hubo en Madrid –aquella habitación de ella que daba al patio– puso en acción el nuevo encaro del Arte con una nueva realidad que avanzaba hacia el espectador como una tromba.

Las criadas y los soldados, los tíos vivos –carrouseles y calesitas– las barracas como tiendas de campaña o carpas del gran moro, los altares con randas y lazos de las rosquillas, las nueces, las avellanas y los *torraos* –garbanzos embalsamados en las caleras–, toda la farsa alegre y la balumba de la fiesta verbenera estaba en los cuadros de Maruja.

¿Pero iba a ser folklórica su pintura? De ningún modo. Era cineástica y moderna, pues al lado de eso se reflejaban los escaparates de las grandes vías con sus piernas de repuesto para deportistas cansadas –piernas para reclamo de las medias de seda–, sus bufandas escocesas, sus manos tiesas para guantes de fantasía, sus cabezas para lucir peinados y diademas.

Le falta la verbena del invierno, el gran contraste del Madrid entre la vida y la muerte, la Feria de la Plaza de Santa Cruz y la Plaza Mayor en Navidad, cuando todos vestidos de armiño de reyes –pura nieve– vemos los muñecos coloreados –que vienen del sol y del temple colorista de Valencia– los Reyes Magos que llegan a magnificarse como en el cuadro de Maruja y las flores de papel de las zambombas y el verde oscuro de las coníferas y los manguitos de musgo.

Es también para perder la cabeza este contraste de color en el invierno más invernal de la época cavernaria, cacareando de nuevo el gallo de las verbenas caniculares, en la verbena helada, aunque triunfa más el barro negro de Extremadura que parece abrigar el agua.

La literatura joven la acogió en seguida. R. Alberti bajaba la sierra con una estrella de metal. Giménez Caballero ponía una estampa de ella como portada para su libro. Maruja Mallo es ya dueña de su pintura, con un camino de originalidad por delante del que sólo ella era consciente.

De su amazonismo a pie por los montes y laderas –faldas plegadas como refajos– entró Maruja Mallo en la época del cardo, el esqueleto cardenchoso y la raspa de sardina –pluma de hueso– de la sardina máxima, salida de una lata como un sarcófago de tamaño humano.

Se enreda la pintura en los sargazos secos, en los alambres enguizcados y perdidos, en el piorno con verde enlutado en el cardizal de las afueras de la Corte de las

Españas. Presenta sin arredrarse ese fondo breñoso en el que aumenta la submarinidad de un mar seco y muerto, los restos del naufragio del viento. La merienda áspera del cardo... A veces mezcla un espantapájaros que es una cruz del camino disfrazada de hombre, motivo de reflexión para lo perecedero más que espanto del ave, entre otras razones porque no hay por qué ahuyentar a ningún pica-flor o picafruta porque no hay más que bardeles sequeri-zos.

Es la época de arrepentimiento y penitencia del español, inmediata a su Carnaval. En Maruja Mallo como mujer es esto más converso, más claustral, de reglas más austeras.

Su Miércoles de ceniza es una catástrofe y de todos aquellos alegres corros quedan las esquirlas, las tabas dorsales, la ropa interior que está debajo de toda ropa interior: la mortaja.

Ha pasado algo grave. El hombre no la ha sabido consolar, la ha desengañado, le ha parecido poco y la pintora ha corroído a Don Juan, le ha metido en sepulturas de basuras, le ha puesto su acuchillado traje de hueso.

En esa segunda época revela la pintora que posee la gama de los oscuros y con ellos trabaja en el pardo, en el opaco, en el "muerto", color este muy españolesco que ha de entusiasmar a los franceses, color ultratumbal que en su Juicio Final utilizó Solana y en el que se ve a los muertos con camiseta de barro. (Lo verdinegro fue lanzado por Felipe II que cuando aludía al Escobedo que mandó matar le llamaba "el verdinegro").

El español fue el inventor de los rayos X, pero mucho antes de que toda electricidad y todo rayo derivado de ella comenzase a funcionar, cuando sólo el ojo humano calaba en el ser humano y veía su cáncer y su esqueleto.

Es la hora en que Giménez Caballero publica con portada de Maruja *Yo, inspector de alcantarillas*. Una salida hacia los vertederos en vista de que la clase media ha entronizado cuatro cosas de mala porcelana en sus estantes y sólo tiene en marcos con cristal reproducciones que corta de las revistas semanales. Reacción viva contra *El Blanco y Negro*, que no acaba de renovarse.

Es la inventora de los espantapeces que encuentra en el mundo abisal en que se mete así como en la cueva de los fósiles que visita también encuentra el espantaesqueletos.

Ella sabe que el secreto de la pintura no se produce por copistería sino por la convivencia de las cosas elegidas que ha visto en la superficie o en la profundidad y de cuya convivencia brota la síntesis, la convicción del mineral, del cereal o del pescado. Ella supo dar el mordisco al mundo.

Primero lo abonó todo con la carroña ardiente y recogió ingredientes en sus paseos por la Moncloa y copió los archivos de meriendas que por allí andan y reprodujo los restos perdidos de los suicidas por amor que buscan un hoyo para matarse después de la última merienda.

El mundo gusanal, agusanado, gusanero y el mundo de los gusarapos, y el mundo del gran vermes fueron sus mundos de entonces.

Lanzada al cardizal en esa hora de penitencia se pasea por esos pueblos que se llaman El Espinar y la Fuenfría y se ve rodeada por las cardenchas que quieren ser corona de espinas.

Jaramagos, muérdagos y otra vez cardales. La Sierra.

Quizá es el momento más quimérico de su vida pero pronto se queda sola, frente al invierno, todo ese paisaje siempre invernal, más invernal que nunca.

Ella ha pasado sus tragedias sola, valiente, sonsacando de todo lo que puede, sus nuevos hallazgos espeluznantes o divertidos, según siente dolor mental y alegría iridiscente.

Lleva una vida atormentada y en sus potes de color encuentra las zurrapas nigrománticas.

El cardo borriquero –que es lo que descubre Don Francisco Giner en la Sierra y coloca en potes de cobre sobre el piano– entra con rumbo en los cuadros de Maruja. Son dermatoesqueletos dotados de flor.

Con los cardos figuran los trapajos, los harapos, volando sobre los rastrojales o rastrojeras, sobre los abrojos, los espartales y los más despeinados matorrales. Maruja Mallo pinta el mundo de los líquenes, del muérdago, de las lianas que se enredan en los rincones abandonados del paisaje español.

La zarzamora y el espino rodean al alma perdida que busca a Dios como el ermitaño y todo se presenta al margen como serpentiforme espantajo, haciendo aspavientos el calandrajo como las brujas de Goya suspendidas tan fláccidamente sobre un paisaje parecido.

La Junta de Ampliación de Estudios la pensiona para que vaya a París en 1931 y allí se va con sus cuadros, los coloreados y los oscuros.

André Breton, el jefe surrealista, se presenta con sus entorchados y sus charreteras en el estudio de la pintora y compra un cuadro titulado *Espantapájaros*.

La visitan los *marchands* con sus altos sombreros hongos y Pierre Loeb la prepara una exposición en su galería, comprándola algunos lienzos. Picasso se encara con su misterio y cuando le preguntan a dónde va a aquella pintora responde sibilino "mejor que ella, nadie sabe lo que va a hacer".

Rosemberg quiere hacerla un contrato por dos años, pero ella no quiere encadenarse y vuelve a Madrid en 1932.

La encargan el decorado de un *ballet* moderno y como es asunto quijotesco y español, abre los pajares y hace vivir el alma engavillada y pajonal de los corrales y el escenario será un gran Almiar, o sea un pajar al descubierto.

Los alrededores de Madrid hacia la Mancha o hacia Castilla la vieja, son el triunfo de la troje y del haz de paja y bueno es vestir a todos los que tomen parte en el ballet con trajes en que la mies seca y espigada esté entera, no dejando más que rendija, para sus ojos entre su entreabierta gavilla.

El gran acierto, el cervántico acierto de Maruja al construir la decoración de ese ballet es ese, empajonar la escena, evitar la tela para que sólo triunfe el trigo y la cebada que hacen crujiente, sequerizo y al mismo tiempo aurífero al español de esas tierras, granero auténtico de España, un día granero del mundo.

El revestimiento de las almas es de paja, paja que vale por su larguiruchismo y por su espiga, tanto que hay unas últimas mujeres en los suburbios de los pueblos, en las últimas casillas –que parecen más que casas burros del paisaje–, que son sólo "las espigadoras", las que viven de las rótulas cruzadas de las espigas caídas después de haber sido recogida la mies segada.

Todos esperábamos que comenzase a bailar con sus capirotes de paja y sus faldellines tiesos también de paja aquel *ballet* "Clavileño" de las auténticas lagarteranas sin lujo de bordados, con su verdad pajiza por delante, que iba a ser estrenado en el Auditorium de la Residencia de Estudiantes de Madrid.

Columnas agrícolas, molinos de viento pajeros, clavileños con pelo de paja, oficiantes vestidos de alcuza, soles justos de lo que el sol saca de la semilla, todo un mundo con plástica de cucurucho, de cono de mieses recogidas era la compañía de ópera inactiva que Maruja habiendo logrado una meta más y más original en el camino del Arte tenía sobre las mesas de su estudio.

En Madrid con las nuevas nociones de lo visto en París, sintiéndose más española y más laberíntica o enlaberintincada, pinta lo que ve tirado o erguido por tierras de Castilla, esa es cultura terrena, rota, formada de camellones de relejes, de ganado lanar que se une por sus cazcarrias al barrizal fecundo.

En esa labor la sorprende la Exposición de España que se celebra en París en el Museo del Jeu de Paume y donde adquieren su *Verbena Capital*.

Ya profesora de dibujo es cuando realiza sus experiencias con las niñas de los pueblos llenos de palacios y Castillos. Pasa más tiempo y Maruja se encara con lo geométrico porque la hacen profesora de dibujo explayando su ingénita condición generadora de líneas que se vuelven hojas concéntricas que se cortan en sus remates en los giros danzantes del compás.

Trabaja para la Escuela de Cerámica en que el joven Alcántara permite todas las iniciativas y Maruja une lo infantil con lo versado en platos anchurosos.

Ella que era maestra en barroquismo somete las formas al juego de los compases, pues lo característico de ella es esta oscilación entre lo descompuesto y lo compuestísimo.

El artista se mete por todos los andurriales, por todos los pasadizos secretos, por los subterráneos que no sabe a dónde van a dar. No tiene miedo. Se juega la vida y la razón. Admirémosle siempre cuando veamos que ha tenido esa osadía, cuando ha ido al toro.

El artista, y esto es lo más grave después de ese paseo por el mundo de lo desconocido, de lo revuelto, de lo encrespado y de lo descabellado, se sienta en un estudio lleno de luz y quiere trazar lo estricto, lo matemático, lo fríamente decorativo, lo implacablemente rectilíneo y cabal.

Estas salidas del delirio de Maruja Mallo para entrar en lo arquitectural impasible, son las que conturban más su espíritu, las que la hacen tan extraña criatura, unas veces cerca de Dios como una monja, otras veces cerca del diablo como ser mágico.

Íbamos con ella corriendo y saltando hacia lo desbaratado y de pronto ella se ha parado en seco, se ha arrodillado y ha comenzado a pintar las cosas más disciplinadas y rigurosas, como fuente de la sustancia artística y clarividente que hay en ella para mayor gloria de la cultura y el arte.

Esa época pedagógica llega a influir en su pintura y se dedica a la trigonometría de lo que ve y tiene grandes compases de madera –compases de circo– y sitúa sus figuras después de dibujar muchas circunferencias como si hubiera una teoría de máquina de ruedas dentadas a las que aún no las hubieran nacido los dientes. ¡Pero la dentición última se presiente!.

España está en período de locura contagiosa, todo quiere ir más allá de donde puede ir, todos son más papistas que el Papa o más lopistas que Lope. Maruja, además de su pintura, quiere alcanzar los grandes símbolos del trigo y de la pesca.

En 1936 un grupo de arquitectos y escritores fundan el Salón de Artes Nuevas en la Carrera de San Jerónimo y celebran la primera exposición Picasso que ve España con sus ojos interiores, inaugurando a continuación una exposición total de Maruja Mallo.

La pintora está en su cenit. Avivó admiraciones y discusiones. Es suyo el mundo de la ejecución y la confrontación. Se va a asomar por todos los balcones de España y en España hay más balcones que en ningún sitio y además son balcones que dan a paisajes y a cosas distintas, de tan distintas, contradictorias.

Pero suena la hora de la revolución y la salva un telegrama de Amigos del Arte que recibe en la playa galaica en que veranea.

Aparece la red y la hoz y sus grandes cuadros son de trabajadores del campo y de trabajadores del mar.

Esas grandes telas son las que la sirven como velas y foques para que navegue empujado por el viento el barco que la hace moverse por América.

Aquí nos volvemos a encontrar; viene, como dicen los lugo-galaicos, *dóida por el mar*.

Parece que durante la larga travesía ha ido viendo su película abismática. Llega vestida de redes –¡qué bien que coincida la moda de la redecilla!– y parece que ha flotado en el peligroso mar gracias a las arandelas de corcho que ha pintado como sostén de las cuerdas de las mallas para pescar.

Se establece en un piso alto y luminoso.

Su estudio claro está lleno de las piedrecitas de colores que pueblan las playas de Chile y los más bellos caracolillos son alineados por ella con cuidado todas las mañanas.

El botijo de barro blanco y cresta roja que se trajo de la última verbena cacarea la nota de una orgullosa pluma de pavo real.

La luz de América clarifica su inspiración y se ve que empuja como una cascada magna su imaginación de pintora.

El canto de las espigas ha sido creado bajo este influjo y la confusa gavilla se ha abierto en notas según un ritmo especial que por fin no las ha confundido ni remezclado.

De la apología del mar y del trigo, vuelve a lo vital y humano. Ha salido de la red y la panera del trigo.

Los cuadros nuevos representan el retrato estilizado con una frescura renovada, el óleo tranquilo y luminotécnico, la posibilidad de armar una serie de cabezas de nuestro tiempo con la coquetería nueva de las cejas muy dibujadas, y las pestañas inmensas y los labios pintados con rojos de sorpresa.

Y al mismo tiempo me enseña unas pinturas submarinas, alegrándome ver que coincide por otro camino con la época madreporal y polípera de hoy y cuando llega al retrato pule sus piedras con sin igual maestría española.

Esta Maruja Mallo ante la inmensidad del retrato –ventanas de ojos hacia galenas de almas– que se corresponden en laberinto y en este momento como el Greco, como los grandes retratistas italianos medita en la soledad de la figura humana, la única fórmula condigna de la vida, la que merece estudiar su resolución.

Maruja está ante la vividimensional y al dedicarse al retrato integérrimo va a enfrentarse con los fantasmas a la luz del día. El mundo de las criaturas aristocráticas o anónimas que miran en los Museos como sólo los retratos miran y se destacan, va a ser la próxima galería de la pintora que antes se había entregado a los símbolos y a los esperpentos.

El retrato es la intentona suprema del arte, la rendija entre lo mortal y lo inmortal, la pintura organizada y pasmada. Cuando se encierra la pintura en la alcoba última se ve una sala de retratos.

La vuelta al retrato como símbolo de angustia y misterio es la gran vuelta pictórica. Lo último que pinta Goya es un retrato y el Greco muere ante el testamento de una figura humana, una cabeza con golilla que sin ser su autorretrato siempre tiene profundidad y exterioridad autobiográfica.

Maruja Mallo dada la vuelta a la pobreza de símbolos que le quedan al mundo ha encontrado que siempre será rica una diferencia de fisonomías, interpretadas por su arte ya emancipado y ha conseguido una manera especial de representar cabezas parlantes, humanizadas por su pelo, agrandadas por sus ojos, idealizadas por su carne.

Su época y sus vivos y sus vivas, salvados a la muerte, interpuestos en el caer de todo, dramáticamente encarados con el porvenir como quedan los retratos de un Durero.

La innecesaria fanteasión del retrato, porque en él está toda la fantasía del mundo, concentrada de mil maneras, otra vez lo esfíngico redivivo.

Texto escrito en 1942

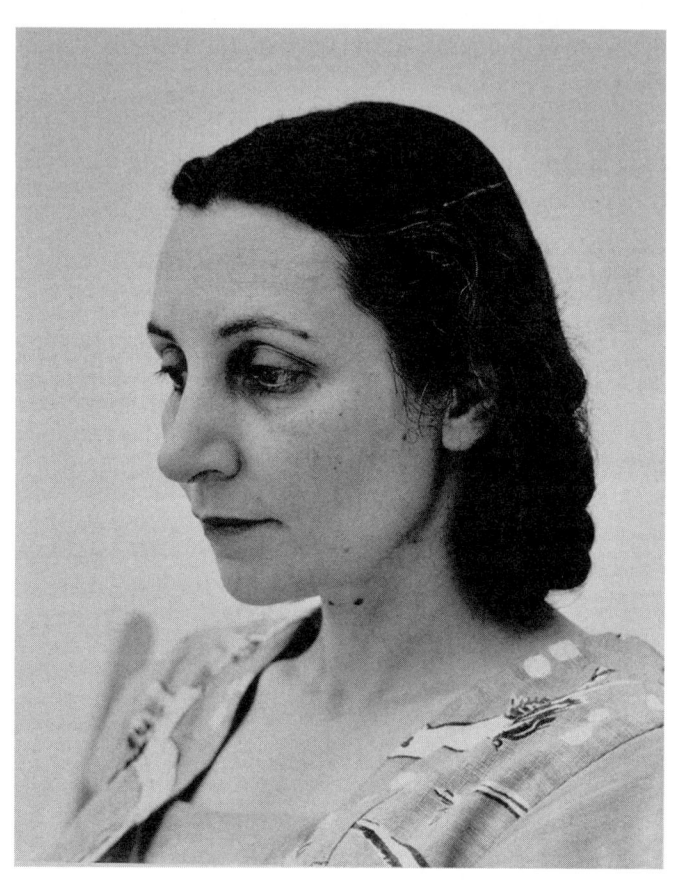

NORAH BORGES
(Buenos Aires, 1901 - 1998)
Retratada por Grete Stern

Norah Borges

En realidad, la porteñita nace al arte cuando, poco antes de estallar la guerra europea del 14, hace con sus padres un largo viaje por Europa.

Se establece la familia Borges en Ginebra y desde allí hacen viajes a Francia, España e Italia.

Va el padre, gran tipo de criollo que ve bíblicamente el paisaje del mundo, autor de una interesante novela y establecido en las letras como un hermano de Macedonio Fernández, del que fue compañero de carrera y su más íntimo amigo; va doña Leonor, la madre juvenil que cuida esmeradamente de sus hijos, y va Jorge Luis, el hijo poeta, y Norah, la protagonista de esta breve biografía.

La feliz idea de este viaje, sin apremios, que ha de durar años, formará un grupo familiar con profundas memorias y con una experiencia dramática y despabilada, porque los seres del lejano puerto de paz van a ver en tolvanera la riqueza sedimentada en un mundo lleno de inquietud.

Yo, que también residí en Ginebra en aquellos tiempos –sin conocer aún a la familia Borges–, sé qué luz vivaz, civilizada e imponente iluminaba los días de los veranos y de los nevados inviernos de la neutral Suiza.

Se veía la entereza y el porvenir del mundo como algo que tiene persistencia de diamante y sólo es tallado un poco más por lo que sucede.

Bajo esos auspicios clarividentes, Norah entra en la École de Beaux Arts de Ginebra, donde el fino profesor Maurice Sarkissoff, al ver sus primeros dibujos, la aconsejó, cuando pasaron tres años de contemplar su originalidad, que abandonase la mala influencia de las academias y pintara siempre sola.

A los diecisiete años, ya en Mallorca, recibe la enseñanza del gran pintor sueco Sven Westman, asimilando por intermedio de él los suaves ambarinismos y las modulaciones plásticas de Leonardo, al que había estudiado mucho su maestro.

Pero hay un momento en un viaje aclaratorio y maravilloso por Andalucía, antes de instalarse todo un invierno en Sevilla, en que Norah llama a la puerta de una casa encantada, en una plaza de farol candelabro, retorcido como un olivo.

La plaza es de Córdoba y el llamador ha sonado en la casa de un gran pintor cordobés.

No se puede olvidar esa época en que Norah, tan sagaz y tan pronta a la captación, pasa por la divina Córdoba española y conoce los cuadros de Julio Romero de Torres, asistiendo luego como alumna a sus clases en la Academia de San Fernando, en Madrid.

Ella pasará por las exposiciones de París, verá a Picasso y a Matisse, pero yo aseguraría que cuando se encuentra cerciorada en su arte, cuando encuentra definitivamente la entrepuerta de las casitas bonaerenses, cuando se iluminan en luz de naranja sus patios recoletos, es cuando ve al maestro de Andalucía rodeado de sus mujeres apoyadas en el quicio de la puerta o asomadas al balcón bajo, con la perspectiva de la plaza silente y exprimida de ocasos.

Allí, en aquel bello ambiente de la casa-estudio del pintor, en el que todo era sabroso y tenebroso, encontró su anunciación definitiva Norah.

No lo olviden los biógrafos futuros, no salten sobre ese hecho significativo y preciso, vean en el recuerdo de sus espejos esas casitas andaluzas con un limonero y un ciprés y esas mujeres con los brazos a medio cruzar sobre el pecho, cándidas –aunque más mujeres que las niñas adolescentes de Norah–, y se darán cuenta del ritmo con su progenie verdadera que hay en la obra de Norah ; la progenie sobre todo de lo básico de su ciudad, pues sólo se encuentra la clave de lo americano cuando se encuentra bien lo español en su recóndito nido, donde está conservado con sin igual pureza.

Julio Romero de Torres es un pintor genial –con el genio de España–, y así como para afirmar al Greco se necesitaron casi cuatro siglos, se necesitará también bastante tiempo para consagrarlo por completo.

Julio Romero de Torres tuvo, sobre todo, una primera época –la más cordobesa de su vida– en que cada obra que pintó será un poema perennal de luz, de carnalidad emblusada, de poesía indecible. Después se prodigó un poco, estuvo enfermo, le envolvió la tentación del encargo y, además de que muchas cosas que andan por ahí son falsificaciones, él mismo llegó a imitarse en su afán de réplica, en su necesidad de deslumbrar a los que compraban de rodillas la eterna mujer, en ruego excitante y perturbador.

Pero en la hora en que Norah asiste al delirio sentimental de su estudio, es cuando Julio Romero de Torres da su lección tauromáquica más pura, y torea el atardecer y el anhelo que pone ojerosa a la mujer en la espera exquisita.

Norah, leal, sensible, embriagada en su silencio, ve con nostalgia delicada su Buenos Aires lleno de una tranquilidad feliz de fin de mundo, de patio ideal y arbolito feliz en ese patio, y corre a la interpretación de eso con colores puros y personales, sin la bituminosidad del maestro de la pintura *jonda* y flamenca.

Norah está en el momento de la revelación y pasa sobre la capa andaluza que tienden a sus pies los poetas jóvenes.

Es el momento de la renovación ultraísta. En Sevilla, 1920, se celebra su concurso y *Grecia* –la revista ultraísta– le dedica poemas y homenajes.

Un poema entusiasta de Adriano del Valle se titula *Poema sideral*, pero Guillermo de Torre pone lo sidéreo en una apología llena de signos y la dedica poemas ultraístas que la alcanzan más en su cielo como aviones ágiles y valientes.

Norah pintaba, mientras, en medio de ese revuelo de poetas y pintores.

Deslumbrada por los pintores italianos y por Picasso, la interesó el arabesco de las líneas y los valores de los colores delicados, intentando –y consiguiendo– pintar todo con claridad, sin contraste de sombras, sólo con el contraste de los colores –diferentes de tonos–, pero del mismo valor, logrando con esos elementos el tema del cuadro, haciendo una exaltación de la adolescencia, del ensueño y de la melancolía, pintando seres completamente puros, además de hermosos como manzanas, verdaderos ángeles.

Influida y defendida por la geometría del cubismo, comenzó a buscar las grandes líneas curvas y románticas, y colores más ricos y matizados, como en las capas redondas de los árboles, en los arcos que dan a plazas luminosas y en los zaguanes del mediodía.

En la hora de Europa, y particularmente en la hora de España, el hermano escritor y poeta está en la hora paralela de su hermana y se destaca en la portada de su obra *Luna de enfrente* todo ese paisaje de casa con los cálices de la intimidad en lo alto, simbolizados por los jarrones típicos de la arquitectura de las casas porteñas.

Norah se para en las portadas, ve a las asomadas en el balcón, pero Jorge Luis profundiza y ve las sombras inquietantes, las respuestas de detrás, la sierpe de la aventura, la ansiedad calenturienta.

Tiene importancia y aclara la figura de la hermana la poesía del hermano, y después, ya en Madrid, cuando yo los conozco, escribo en la *Revista de Occidente* (1924) mi primer artículo sobre los dos, que voy a transcribir en este estudio, porque jalona los tiempos de la biografía y muestra mis primeras suposiciones sobre el hogar de los Borges, en un Buenos Aires que no había conocido aún y que sólo presentía como podrá verse:

"La impresión que he tenido durante algún tiempo del Borges lejano me ha servido para explicarme a este Borges próximo que se acaba de sentar en los divanes de Pombo, los duros divanes de los descendientes del pasado."

Mi impresión del Borges lejano me revelaba un muchacho pálido, de gran sensibilidad y escondido entre cortinas espesas forradas de raso crema, un joven medio niño al que nunca se encuentra cuando se le llama.

–¡ Jorge!... ¡Jorge!... Pero ¿dónde estás metido?

Detrás de las cortinas, desde donde el jovencito atisbaba las cosas para recordarlas siempre.

Jorge Luis se me presenta siempre unido a su hermana Norah, la inquietante muchacha, con la misma piel pálida del hermano, y como perdida también entre las cortinas, atisbando las cosas de la noble casa de los Borges, llena de cuadros, de perspectivas de salón, de espejos con lluvia, de candelabros a cuyas velas, en ratos efusivos y misteriosos, se asoman las llamitas sin haberlas encendido.

Mientras Jorge Luis callaba, Norah Borges nos descubría esa casa, de donde la muy unida y patriarcal familia Borges no salía nunca. En sus garabatos en madera representaba Norah y nos confiaba sus tertulias con unas amigas que en la soledad cruzaban las piernas en T y enseñaban el torneado de la confidencia, dedicándose a jugar al ajedrez, moviéndose como en un lento cotillón sobre el ajedrezado pavimento de las estancias ¡niñonas solemnes!; los veladorcitos de ilusionista con tapete de flecos ; los maceteros que valen un jardín y una gruta ; los sofás que se comen a la gente, las jaulas de los pájaros artificiales, las mesas del tresillo, mesas con chaleco y bolsillos de mesa en el chaleco.

Después, Norah nos hacía salir a esas terrazas en que suenan los pasos como en las habitaciones, como si la noche inmensa adquiriese profunda intimidad sobre ellas y fuese una habitación estrellada y encortinada de terciopelo frenético de caricias.

A todo eso que Norah revelaba, yo sabía que asistía un hermano que se reservaba para la poesía, que recopilaba poesía. Esperaba mucho de él cuando se arrancase a las cortinas de la gran casa nostálgica y se desatase los nobles cordones con borlas que ponen a las cortinas una corbata como la de San Fernando.

Huraño, remoto, indócil, sólo de vez en cuando soltaba una poesía que era pájaro exótico y de lujo en los cielos del día.

Ahora, por fin, ha publicado un libro que es ya jardín y bandada de pájaros, y en él, por tanto, la personalidad del poeta se explaya a gusto.

Fervor de Buenos Aires se titula este libro admirable de Borges.

Con toda la emoción de la casa cerrada, ha salido por las calles de su patria. El Buenos Aires rimbombante de la Avenida de Mayo se vuelve de otra clase en Borges, más somero, más apasionado, con callecitas silenciosas y conmovedoras, un poco granadinas. Pero, ¿había este Buenos Aires en Buenos Aires?, nos estamos preguntando siempre ante este libro, y nuestra conclusión es: "Pues iremos, iremos".

Un Góngora más situado en las cosas que en la retórica retiembla en la copa de Borges. El mundo extraño, que trepida un poco, que se refleja en ese fino cristal removido en el aparador de noble alerce.

Y luego de citar varias estrofas, yo concluía :

"Cuando Borges tenga ya la casa definitiva en Buenos Aires llegaré yo a saludar al gran poeta. La casa, llena de remanso y siempre con el carácter encortinado, se meterá en mayor silencio para demostrarme que no hay nadie y los cien cajones de los bargueños se apretarán en sus nichos como labios que se pliegan con fuerza :

"– No está –me dirá la doncella vestida de beguina.

"– Pues hágame el favor de darle esta tarjeta cuando vuelva –y le dejaré mi tarjeta queriendo alcanzar la gloria de quedar en el tarjetero de bronce de los Borges, el tarjetero que, como un dulcero de antiguo día de Santo, tiene tarjetas en sus tres conchas superpuestas, tarjetas que quedan como pajaritos alegres en las tazas de una fuente.

"Ya en correspondencia siempre con esa tarjeta mía, disfrutaré del aire sutil y poético que trasciende este verdadero poeta."

* * *

Norah ha encontrado paralelamente el sentido de su tierra, así como su hermano Jorge propalaba en esa época su amor excepcional por Quevedo y llevaba siempre en el bolsillo una edición príncipe de sus *Sueños*; porque sólo España será siempre la clave suprema de América, y los americanos que no intenten esa explicación entrañable permanecerán desconocidos para sí mismos.

Norah, en coincidencia con ese momento, encuentra la pareja que fortalecerá ya siempre su inspiración, que será su testigo benévolo y admirativo, ese joven al que yo he visto iniciarse en el seminario madrileño, estudiante de Derecho que estudiaba las asignaturas que yo acababa de aprobar y que con sus inquietudes literarias quería salvarse al hierro universitario.

Fue un noviazgo largo, con diálogos ilusionados, ella con la cartera de sus dibujos, él con la cartera de sus cuartillas.

Yo sé la calidad de aquel idilio que parecía cosa de sueño, suerte sobre suerte, ultraísmo sobre ultraísmo, y tan inverosímil resultan que a los demás se les desvanecía el cromo y no lo podían creer y les pasaba por encima como una cometa que corre a ras de las cabezas antes de ascender.

Después de muchos paseos y de muchas antesalas de hotel, ya prometidos, hubo un viaje a Portugal, para que la novia, en uno de sus regresos a América, tomase el barco, y la pareja me recordó en mi Estoril y recibí sus postales de recuerdo.

Con sus antecedentes ingleses, criollos, españoles –ojos azules, ojos negros–, hay en ellos un antecedente portugués, que Norah, en su temporada de Portugal, supo interpretar –ojos verdes– copiando esas *varinas* que todo lo llevan en la cabeza, el mar y sus peces, el agua y las frutas, formando, el cántaro o las cestas, capiteles de su columna de esbeltez. (Descalzas, pero con los zapatos como un pescado más en la bandeja de la pesca sobre la cabeza.)

Después hubo cartas y esperas hasta que, un día, Guillermo salió para Buenos Aires y se casaron formalmente (1928) en capilla de luces.

Alfonso Reyes regala a Norah un poema :

NORAH JUGANDO A LAS ESTRELLAS

¡Qué abeja del panal,
de tierra, cielo y mar!

Golosa de las letras
que pintan las estrellas,
del Alfa y de la Beta
las lumbres secretas.

De Régulo y Proción,
Arturo y Algenib,
Donébola y Algol,
Canope y Belatrix.

La eternidad del mundo
se vuelve familiar,
y suelta lo minúsculo
sabor de eternidad.

Colúmpiate, sonámbula, colúmpiate
mientras tu sueño queda
mecido en el estambre de una estrella.
(La imagen no se ve :
busquémosla otra vez.)

Apenas cazadora
del pájaro y la rosa,
en una raya sola
enreda cada cosa.

Cuando "pesca a línea"
(equívoco francos)
en el sedal que tira
queda lazado el pez.

Alternan, al primor
el dúo concertado,
el triple de su voz
y el triple de su mano.

Colúmpiate, sonámbula, colúmpiate
mientras tu sueño queda
mecido en el estambre de una estrella.

ENVÍO

Tanta luz, que se borra de mi vista.
Tan candoroso afán, que ya es travieso.
Temo que mi canción no lo resista,
y a tan delgado peso
no encuentro libra fiel, Norah. Por eso
es mejor que desista.

Afirmada en su arte y en su modo de presentir la vida,
gracias al hogar en que escribe el hermano de los precur-
sores literarios, Norah se encastilla en su hotelito ideal
con jarrones en vez de almenas y abre y cierra la cortina
rosa sobre días en que nada importa que haya revolucio-
nes o guerras.

Va a vivir entre Buenos Aires y París-Madrid o Madrid-París, aunque a veces se queda más en un sitio que en otro o se queda definitivamente junto al Río de la Plata.

Ella dará el té a la tarde en tazas de cristal y partirá con cuchillo de jade una buena torta de bizcochuelo.

No puede dejarse en su biblioteca al que unió su vida con ella y presenciar lo que ella pinta en su estudio, entre otras razones porque ella pinta en la biblioteca de su marido.

Compañero de Guillermo de Torre desde su iniciación, puedo apreciar lo que significó esa unión y como gracias a ese matrimonio se cerró sobre sí misma la zona artística e inspirada de la pintora.

Nunca se reunieron seres más parejos y más destinados el uno al otro, pudiéndose decir que la poesía y la literatura que entonces hacía Guillermo tenía la calidad de la pintura de su esposa.

Las metáforas de Guillermo fueron como esas cometas y esos ángeles que flotan en los cielos de Norah, y los colores con que se iluminaron sus palabras eran los colores nuevos de la pintura de ella.

Lo más prodigioso de esa unión, de la que yo había de ser testigo a una y otra orilla del gran mar, es que siempre ha sido armónica, y el globo terráqueo que la ha presidido, como un mundo dentro del mundo, ha permanecido azul y amarillo, con serenidad de juguete irrompible y sin descascarillar.

Estamos en 1932. He dejado para esta hora en que los dos artistas ya están radicados en Madrid la adjetivización estética a la obra pictórica de Norah Borges porque las velas de su nave llegaron pintadas por ella ya con simbólica profundidad, aunque no acabaré de comprender bien el sentido de su arte hasta que, años más tarde, me saturé yo de su Buenos Aires querido.

La pintora trae lienzos grandes que la rodean en su casa clara de Madrid, aunque su dulce mojicón se endurece un poco en la luz cruda de Madrid.

Guillermo aparece como único caballero de sus cuadros y tiene algo de ángel y de discóbolo adolescente que acaba de lanzar el disco de la imagen helicoidal.

Sentados frente a los cuadros llegados de Ultramar, los juicios se van acrisolando.

Como preámbulo me ha de servir el cuadro sinóptico que Norah había publicado años antes (1926) en la revista *Martin Fierro*:

Un cuadro sinoptico de la pintura

La pintura ha sido inventada para dar alegría al pintor
y a los espectadores

Color

Sólo puede dar la alegría la representación de un mundo perfecto, donde todo esté ordenado, de contornos nítidos, de colores limpios, de formas definidas y detalles minuciosos hasta la exaltación –hay que elegir para pintar solamente lo que nos da verdadera felicidad–. No hay que pintar todo lo que se ve, hay que huir de la fotografía.

Sólo hay que emplear los colores que dan alegría a los ojos.

Por ejemplo: Rosa y limón; Rosa y verde; Rosa y salmón.

Inspirarse en las decoraciones de los circos, en las serpentinas, en los juguetes, en las calesitas (los niños y los decoradores de carros tienen mucho gusto para los colores).

Pintar el color convencional de cada cosa.

Ejemplo: Pintar la rosa: Rosa.

Pintar el color místico de cada cosa, el que le dé el ambiente que necesita (el color "místico" es el color que las cosas tendrán también en el cielo).

EJEMPLOS

La resurrección: El Greco.

Les deux anges: Marie Laurencin.

Las miniaturas indias y persas.

Las decoraciones rusas: Maria Goncharova.

Los candombes: Pedro Figari.

Las bailarinas: Silvina Ocampo e Irene Lagut.

Puerto: Xul Solar.

Evitar las tierras, el negro puro, los marrones y grises oscuros que no pueden darnos alegría.

FORMA

Elegir las formas definidas y plenas.

EJEMPLOS

Las manzanas.	El cilindro,
Las guitarras.	El cubo.
Las mujeres.	La pirámide.
Los cántaros.	La esfera.
Las casas.	El cono.

La Historia de Herodes (fresco de Masolino, Baptisterio Castiglio d'Olona).

El Paraíso (fresco de Orcagna. Santa Maria Novella, Florencia).

La noce (del douanier Rousseau).

Bañista (de Pablo Picasso).

Evitar la representación de objetos desdibujados.

Ejemplos: *Telarañas, gasas, nubes*.

VALORES

Evitar los contrastes de valores (tratar que todos los valores del cuadro se asemejen entre sí o sean idénticos).

Ejemplos: Rosa y naranja. Rosa pálido y limón.

Ejemplos:

Salomé bailando: Fra Filippo Lippi (fresco en la Catedral de Prato).

Paisaje de Valldemosa: Sven Westman.

Arlequín: Picasso (1918).

L'enfant au violon: Marie Laurencin (1910).

Le chemin de fer: E. Manet.

Frescos de la torre de la Garderobe (Avignon).

Retrato de niño: Douanier Rousseau.

El pelele: Goya.

El mundo del cuadro debe ser otro mundo pequeño y más perfecto (los personajes felices, con ropas flamantes –las caras y el cielo, recién pintados– y el verano, como estación perenne).

* * *

Norah es uno de los pocos pintores que no obedece a un artificio cuando pinta. No quiere arañar la tela y entebrecer el color, sólo quiere que quede en ella un reflejo mañanero de felicidad, un día del Corpus gozoso; el primer asomarse vespertino al hotel que se ha alquilado frente a la playa para pasar el veraneo, el asomarse al balcón con balaustrada de mármol y estatua en el jardín.

Cuando se habla de Seurat frente a ella se piensa que Seurat es ya de un París decadente, con el *Maxim's* encendido como último refugio de la noche, y sus playas con sus mujeres de polisón, que parecen amazonas de la arena, son playas de decadencia.

Norah, por el contrario, como al principio de la Creación, tiene ese don argentino por el que la damisela austral cree que el mundo es por obligada naturaleza feliz.

Se ha comportado siempre con esa buena fe y ha llevado a su pintura como un miraje esa luminosidad.

Algunos que no saben adivinar lo que no han visto, ni han visto lo que no han podido adivinar, han podido sospechar que esa pintura de Norah es inverosímil o una invención personal, sin darse cuenta de que estaban frente a la naturalidad más natural No tiene contraste en negro esta pintura de Norah –que es lo atributivo de la pintura española–, porque la muerte está lejana como ribete de sus figuras y figuraciones.

Su pintura se clasifica en el optimismo de las clases y subclases, como clasificábamos de niños aquellas casas en que nos invitaban y daban buena merienda, en contraste con las que daban mala o no daban nada.

Cuadros de buen merendar con servilleta bordada y enamoramiento indeclarado de una de las señoritas que se han sentado a la mesa.

Es hospitalaria como ella sola la pintura de Norah, y hay niños y niñas para todos, aunque todos sus niños son de poco hablar y de salir corriendo llenos de rubor, que es como decir llenos de pasión colorada.

La paloma y el aro, el agarrarse del brazo las amigas, las casas ribeteadas de guirlache, el cambio de magnolias y jazmines del Cabo, la palmera y un sol de bandera –el sol del Mayo–, la raqueta y el cazamariposas, la golondrina y la carta, todos los elementos de la vida feliz en el día blando; y como recuerdo de la noche, el sueño en la cama cuna, y el sueño en la cabecera del palco con el atributo de la flauta, la partitura y la lira en bajo relieve.

Norah en un museo desconcertará a los demás cuadros negrinientos y su ventana es comunión de serenidades y de playas sin sombra. Sus cuadros son oasis en medio de los cuadros de tormento o de invierno, siempre un poco tristes, aunque sean de flores.

Surge mi primer viaje a América, donde voy a enterarme, por fin, de cómo es en realidad el mundo de mi suposición, y de paso voy a saber si el Ultramar de Norah tiene respaldo.

Es el año 1931 y llego al puerto, apaisado de luces, y, después de descubrir la ciudad, subo al piso de los Borges.

Dados a un vivir moderno, abandonaron aquella casita rosa que yo supuse en mi divagación de la *Revista de Occidente*.

Jorge Luis ha publicado más libros, ya más enrarecidos, por caminos de hombre, en admirable especulación por el misterio y la noche.

Jorge Luis, sigiloso y contradictor, es, junto a Norah, el enrevesado y el satánico, pero resultaba extraordinario en la convivencia ver con qué cuidado dialogaba con su angélica hermana.

El guía de laberintos, el bifurcador, el que tendía hacia los largos paseos en la noche, nunca hizo un gesto de

carbón frente a los cuadros inefables de su hermana, aleluyas amarillas de bautizo frente a las aleluyas tenebrarias
en que se empañaba el escritor que lleva al lector por los
espacios del miedo.

Parecería como si Jorge Luis partiese siempre del punto
claro del reloj de sol de Norah para meterse en el intrin-
camiento novelesco de su obra.

Al mismo tiempo que me sorprendía la extraña literatura del hermano, vi que Norah continuaba su obra, en
que el mosaico nativista –como los mosaicos romanos
que a veces se descubren en Carabanchel– ponía en pie la
realidad porteña.

No había mentido la pintora y sobre su mesa comedor
se elevaba el frutero de porcelana calada con un ananá y
unos limones, como bandera y símbolo de su arte.

Después fui comprobando sus verdades, sus casas con
revoco color palmera derretida, sus afueras con farmacia y
casa quinta, sus muchachitas con tirabuzones espiralados y
con medallones o escapularios colgados de una cinta.

En mi intimidad con Buenos Aires pude apreciar la vida
de cuidados, de mimos y delantales blancos que privilegia
a la colegiala porteña, ejercitada en el verso, en el borda-
do y en el golondrinismo de adorno.

La escuela llega a ser en Buenos Aires una ilusión de
lazos y calcomanías, un intercambio de mariposas y

cuentas de cristal, un compañerismo de jardines com-
partidos.

Pintura de toda esa fantasía encerrada en las cajas de
útiles tallados como estuches de abanicos es la pintura de
Norah en su fuente manantial como queriendo conservar
las ilusiones primeras.

Por entonces leo una nota de Norah, publicada en *La
Nación*, que expresiona lo que se propone y lo que adora,
con su sencillez única :

LISTA DE LAS OBRAS DE ARTE QUE PREFIERO

Los juguetes populares de cartón pintado.

Las muñecas de aserrín con enagüitas almidonadas.

Los mates de plata con un pajarito.

Los nacimientos de yeso policromados.

Los títeres vestidos de tarlatán o de zaraza.

Los cuadros de Picasso.

Las antiguallas: las fotografías de 1880, los antiguos figuri-
nes de moda de 1860, las estampas coloreadas con colores
vivos de calcomanía (Pablo y Virginia, o unas niñas con
pamelas de paja de Italia y guirnaldas de flores, en un paisaje
de las Antillas).

Los frescos de la *Historia de Herodes*, de Masolino.

Los cuadros de Abraham Angel y de los niños mexicanos.

Los altares barrocos de las iglesias de Portugal.

Los abanicos isabelinos, donde está pintado un niño jugando al aro.

Los cuadros del Greco (rosa, gris, amarillo).

Las cajitas de música, con una sola pieza.

Los herbarios y las colecciones de mariposas.

Los gráficos de Santa Rosa de Lima ; corazones y palomas.

Las casas blancas de Le Corbusier.

Los cuadros celestes y rosados de Irene Lagut.

Las casas de Buenos Aires con alegorías de yeso, columnas, el cuerno de la abundancia, sirenas.

Las manos de bronce de los llamadores.

Los carritos de los panaderos que tienen pintados hermosos pájaros y manos entrelazadas con una rosa.

Los trajes de lentejuelas de los acróbatas.

Los trajes de luces y las medias color rosa de los toreros. Y los globos terrestres de cartón con ese delicioso celeste de los mares.

* * *

Ya de vuelta de mi primer viaje a América, y a propósito de una exposición de Norah, escribo en la revista *Arte*, de Madrid (1932), el siguiente artículo:

Siempre me he estado proponiendo escribir sobre esta pintora ideal; pero algo esperaba para lanzarme sobre el patín de la pluma, describiendo el círculo que correspondiese a su evocación. Esperaba estar en su Buenos Aires, conocer el ambiente del patio en que recogió ella el primer ensueño de su pintura.

Acabo de realizar el viaje a la ciudad del Plata y me creo capacitado para escribir sobre su pintura.

Norah es la anunciación del otro continente y ahora me explico aquellas xilografías, todas aquellas viñetas que pusieron cielo a las revistas juveniles en que colaboraba entonces su novio, y hoy esposo, Guillermo de Torre.

Traía el mensaje de otra ingenuidad, la aún mojada Venus de otros mares, un aire playero de aquellas playas en que la arena soleada tiene un pudor indescriptible.

Como era mensajera humana de aquel mundo, encontró a un mensajero cabal de nuestro mundo; a un innovador, que era la pareja indicada para ella: al escritor, que era como una respuesta a sus preguntas constantes, preguntas nuevas a las que no se podía contestar sino en plena modernidad por quien comprendiese todas las metáforas, por quien, como Guillermo de Torre, hubiese escrito un libro de poemas como *Hélices*.

Todo su arte de aquella primera época –ahora lo comprendo– era un arte de nostalgia afinado en las playas de

Europa, pero firme en su evocación, subido en las terrazas de Buenos Aires y Montevideo, echando cometas al cielo, cometas en lienzo con bastidor que describían sobre el mar una elipse inmensa, alivolando hasta caer de ese modo triste con que caen las cometas –como pájaros que no son pájaros– en los tejados musgosos de su país.

Recorriendo las calles perdidas de Buenos Aires, paseándome por los barrios dulces de Montevideo, me daba cuenta de cómo había sido interpretado por Norah lo idílico de aquellas luces, la eterna vacación, de aquellas alcobas, el cobijo gozoso de aquellos chalés llenos de firuletes.

Los colores de Norah tienen la tamización americana, aquella mezcla de agua y luz que transparece el paisaje; aquel tono de buena mañana que satura hasta la tarde ; una submarinidad en azules que exalta las rosas ; un sepia amoroso que embadurna las casas, una juventud de nido que surge de los hogares ; una pereza de muchachos que tocan la guitarra ; algo muy transparente y fluido que logra aclarar el sentido de las cosas, el secreto de cómo nacieron, algo de génesis descifrado que no conocemos por acá.

Nada de infantil en la pintora, sino una infantilidad de su mundo, un despertar de ojos agobiados ; un amanecer que llega incorruptible hasta la mañana siguiente.

Por aquí se cree que América es sólo el dinero, y América es el dulce sosiego, es el tener contacto con la tierra llena de beneplácito, es el vivir misteriosamente en clausura con rosales y emparrados, es el asomarse a balaustradas que son como las numerosas y bien torneadas piernas de mujer de las casas, es el sorber luz intacta, colores recién nacidos y mariposas que cruzan el corazón y atraviesan el alma.

Las sirenas mismas que pinta Norah no son las sirenas de los mares clásicos, sino sirenas auténticas de río, las primeras sirenas de río que contemplamos, las sirenas de esos grandes ríos que son casi mares, los que en las riadas tremebundas, cuando vienen pedazos de tierra –camalotes– enjarciados de raíces que traen pumas y grandes serpientes, traen sirenas sobre su zócalo natural, unas sirenas más aplacadas, más placidas, más humanas, que no matan al hombre que aman.

En casi todas las obras de Norah –en lienzos y grabados en madera– hay una sugerencia de esos tazones o cálices de las terrazas alegres en los que crecen las flores del aire, los cactus que depositó en ellos el viento como si fuesen estrellas verdes.

En mi pasear por las ciudades del Sur americano siempre encontraba esas macetas de altura, esa alegre oblación dedicada a los ángeles tutelares, que era como una ofrenda feliz de los tejados.

La niña de la casa que siempre ha sido Norah sorprendió esa gratitud de la vida, esa fachada feliz, ese paso de las horas por arcos felices, ese saltar torero de la siesta por los balcones entreabiertos.

Y veía entrar las doncellas criollas con su bandeja de regalos y presenciaba la llegada de las amigas con su alegría de corazones fuera del pecho, como dijes, y asistía al coronarse de flores enredando en el pelo jazmines del Cabo, esos jazmines que agrandan el jazmín de Andalucía como se agranda una estrellita vista al telescopio.

Norah ha jugado al tenis con las raquetas del jardín que no tenían aún la malicia de cuerdas de guitarras entrecruzadas ; las raquetas con las que había que jugar más cerca y en las que rebotaba la pelota como una flor sin saque.

Al haber andado tanto como yo he andado por esos barrios de Buenos Aires que se llaman Villa Urquiza, Almagro, Belgrano, Caballito, Flores, Villa Crespo, he ido estudiando la obra de Norah.

Me sentía en Carabancheles de antaño, mezclados a un poco de Andalucía, a algunos hotelitos de la Caleta.

En esos Carabancheles, siempre en época veraniega, los espejos entrevistos copiaban cuadros de Norah, querían prestar su marco a lienzos que perpetuasen lo que veían, que no tuviesen la frialdad de acero de los espejos, que degüellan lo que ven, porque basta una cortina, una contraventana que se cierra o una demolición para que se guillotine en ellos lo que veían.

Es admirable como Norah ha pintado esa adolescencia de su país, sintetizando esas blanduras de tropicalidad que tiene sin estar precisamente en el trópico.

Distribuye las casitas, de estilo casi colonial, en perspectiva de ensueño ganancioso y deja entrever el agua de mar o de río –que allí lo mismo da– al final de la escena como camino ideal, como hubiera pintado una canastilla de esas que pasan por una cuerda de balcón a balcón.

Siempre canta un pájaro en sus telas y siempre hay una estrella en sus cielos, aunque luzca el mejor sol del cielo. No hay en Norah, para describir todo eso, ninguna malicia de revisadora de revistas, ningún estrago de contempladora de exposiciones, sino sólo el tenaz deseo de dar el alma de otros climas y otras latitudes a través de la pintura.

Toca en el piano mañanero de su paleta la melodía de gamas de aquel mundo crédulo y esperanzado, de aquel colegio de nuevas almas, de aquella clausura de otra clase de vida, mezclado todo eso en una entonación que hay que ver para arrobarse de un modo distinto a como nos arrobamos en Europa.

En vez de ser una pintora de asuntos típicos con personajes castizos, ha distinguido más las esencias, ha sonsacado el acorde, ha pintado el alma.

No se hable ante ella de primitivismo con ese tono que presupone antigüedad, sino de pristinismo, que es otra cosa, y, viniendo de América, cosa muy actual, moderna y sin prejuicios de líneas y de colores, todo el mundo nuevo visto en una naranja que fuese transparente, como una bola de cristal."

* * *

Por ese mismo tiempo, y entre alabanzas de Manuel Abril y Jarnés, la *Gaceta de Arte,* de Tenerife, publica un interesante estudio de Eduardo Westerdahl en que éste habla de su pintura apacible que oculta tras el cuadro su problema, como el reloj oculta tras la esfera su mecanismo y su articulación del tiempo".

El tiempo se precipita después de ese artículo mío, se suceden los acontecimientos históricos y pasados pocos años de la exposición que celebra en el Museo de Arte Moderno de Madrid –y cuyo catálogo anuncia una sirena con canotier de niña en la mano, en actitud de taparse algo con inocente malicia–, todos perdemos nuestro rumbo, hasta que por fin la encuentro de nuevo en Buenos Aires, donde en la larga espera de la paz mundial ella se recupera, se establece en casa firme y es consagrada por las grandes firmas, destacándose entre ellas la de

Gabriela Mistral, que en largo estudio de *La Nación* la propuso como gran decoradora de las escuelas con estas palabras: "Ya va siendo tiempo de que entiendan ministerios y maestros que la decoración completa de una escuela no puede hacerse a base de las puras cabezotas de nuestros héroes civiles y militares y tampoco en exclusive por las alegorías bíblicas de que otros atosigan la mirada infantil. Me lo sé de años; la galería de próceres hastía a los niños a la larga y también a la corta, y el sermón hincado en el friso lo hacen solamente los pintores de cromo. La decoración natural de las salas de clase para pequeños no puede ser otra cosa que la de unos grandes y limpios frescos con imaginería a lo Norah Borges."

Entra en el gran libro de Payró sobre los *Veintidós pintores argentinos*, y en el ¡ay! de las tapias color membrillo sigue pintando quintaesencias argentinas, el día criollo olvidado de la muerte y el reloj.

En el zodíaco móvil, eterno y renovado de la pintura, Norah representará ya siempre la candidez lograda de la adolescencia de un inmenso pueblo del mapa, y además no compartirá su puesto con nadie y sus mujeres estarán libres de afeites.

Marie Laurencin, Helène Perdriat y alguna otra de ese momento en Francia presentarán sus mujeres perversas en medio de su aire de ingenuidad.

Conociendo la gran variedad de su obra no representan solo dos niñas, como a los que han visto dos o tres cuadros suyos, sino un mundo de mujeres y jóvenes de perfil y de frente que forman como el largo cuadro apaisado de la galería de una generación.

La perspectiva de Norah Borges es extensa, porque ve el mar cuando está mirando a la tierra y ve la tierra de dentro cuando está mirando el mar.

Yo siempre he visto en la aparente simplicidad de Norah su profunda estrella, su estar viendo un más allá amoroso como la conjunción de la brújula con la rosa de los vientos.

¿De qué sonreís vagamente? De que veis el estremecimiento vibrante de la aguja imantada en su hora de pasión con la rosa extática al fin lograda.

En los ojos verdes de Norah está profesada la inocencia como cristal de más diafanidad para ver y dejar en su tácito más allá todos los pasionismos de la vida.

Su actitud sonriente, condigna y llena de constancia, su apartamiento de los premios oficiales, podrá hacer que con ella no se cometa aquella atrabancada injusticia que se cometió con Figari –no poniéndose todos de acuerdo en que era un gran pintor único en su clase, y por eso de único, indiscutible en el concurso total de la pintura–, o como se trató en vida a otro gran artista para la estupefacción particular, Rafael Barradas.

A veces estas pinturas fueron anónimas y entonces la hipocresía humana hizo dengues y pucheros por no haber podido conocer a sus autores, ramas perdidas del gran árbol genealógico de la pintura.

Aprovechemos que está entre nosotros Norah, identificados sus momentos, jalonado su soñador destino y no escatimemos el homenaje por esa audacia de su modo de ver, destacado entre lo mediocre o lo consabido.

Buenos Aires, junio de 1945.